AF383450

Meine Erlebnisse im Konzentrationslager Mauthausen

Paul Geier - KZ - Häftling Nr. 14985
Karl Breitenfellner - Schutzhäftling Nr. 50801

Nachdruck der 1945 erschienenen Broschüre des
Verlags Paul Geier, Feldkirch/Voralberg

Bibliografische Information der Deutschen Nationalbibliothek:
Die Deutsche Nationalbibliothek verzeichnet diese Publikation in der
Deutschen Nationalbibliografie; detaillierte bibliografische Daten
sind im Internet über dnb.dnb.de abrufbar.

Herstellung und Verlag:
BoD – Books on Demand, Norderstedt

ISBN: 978-3-7412-6293-7

Inhaltsverzeichnis

Vorwort   6

Meine Erlebnisse im Konzentrationslager Mauthausen   7
von Häftling Nr. 14985

Über die Gestapo   23

Ausführungen des Schutzhäftlings Nr. 50801   24

Grundriss vom Krematorium, Schießstand und   30
Leichenkammer

Anhang   31

Vorwort

Nachstehende Zeilen sollen und sind keine schriftstellerische Abhandlung und Propaganda-Schriften, sondern es sind reine Tatsachen, wie man sie gesehen und erlebt hat.

Wie man diese Jahre seelisch erlebt und gelebt hat, kann man unmöglich mit bloßen Worten schildern.

Denn noch heute kommt einem beim Rückdenken das Grauen an.

Sie sind dem Andenken unserer toten Kameraden gewidmet.

Häftling Nr. 14985

Meine Erlebnisse
im Konzentrationslager Mauthausen

Am 5. Dezember 1938 wurde ich im Postamt in der Moselstraße zu Frankfurt am Main von drei Gestapobeamten verhaftet, weil ein Spitzel namens Körber der Gestapo meldete, dass ich politischen Emigranten und Juden über die Schweizer Grenze helfe. Zur Bahnhofswache geschleift, wurde ich untersucht, ohne dass man etwas Belastendes finden konnte. Dann ging es weiter zur Gestapozentrale in der Bürgerstraße 24, wo man mich neuerlich ohne Ergebnis untersuchte. Nachdem man mir alle meine Sachen und das Geld abgenommen hatte, wurde ich dem Polizeigefängnis überstellt.

Schon hier war die Behandlung von Seiten des Gefängnisinsprektors und der SS-Polizeibeamten jeder Beschreibung hohnsprechend. Besonders tat sich der Polizeibeamte Helbig im Schlagen und Treten hervor.

Als man nach mehreren Monaten noch keine Anhaltspunkte für eine Anklage gefunden hatte, wurde mir von der Gestapo gesagt: „Sie kommen auf einige Wochen, bis die Sache vollkommen geklärt ist, in Schutzhaft[1]." Nach langem hin und her bin ich dann im Konzentrationslager Mauthausen gelandet. Die „Klärung" dauerte dann allerdings, bis die amerikanischen Truppen dort einmarschierten.

Die nachstehende Schilderung der Zustände im Konzentrationslager Mauthausen entspricht der vollen Wahrheit, sie ist jedoch nur ein Teilabschnitt aus der Hölle Mauthausen, denn was die unglücklichen Insassen hier im Laufe der Jahre erlebten und durchmachten, kann weder von einem einzelnen Häftling geschildert werden, noch bietet der deutsche Sprachsatz die Möglichkeit, Dinge, die jenseits der Menschheit geschehen, wahrheitsgetreu zu schildern.

Schon bei der Ankunft am Bahnhof Mauthausen gab es von Seiten der uns empfangenden Gestapo- & SS-Leute Kinnhaken und Schläge mit Gummiknüppeln. Der ganze, ungefähr 6 Kilometer lange Weg bis zum Lager wurde im Eiltempo unter Kolbenstößen, Fußtritten und Gummiknüppelschlägen zurückgelegt. Abends halb 10 Uhr im Lager angekommen, mussten wir bis 2 Uhr früh in eisiger Novembernacht auf dem Appellplatz stehen. Endlich wurden Gruppen von je 30 Häftlingen in den Baderaum gebracht. Im Vorraum mussten wir uns entkleiden; was noch in unserem Besitze war, wurde dabei abgenommen. Dann rasierte man sämtliche Haarstellen des Körpers. Den Abschluss der Prozedur bildete ein heißes Brausebad. Ohne uns abtrocknen zu können, nur mit Hemd und Unterhose bekleidet, standen wir dann wieder eine halbe Stunde auf dem Appellplatz. Anschließend führte man uns in den Quarantäneblock 17. Hier bekamen wie unsere Nummern: ich erhielt Nr. 14 985 und war von da ab kein Mensch mehr, sondern nur Nr. 14 985. All dies ging natürlich nicht ohne die üblichen Hiebe und Fußtritte vor sich. Die Verteilung der Nummern dauerte bis halb 5 früh. Um halb 6 Uhr durften wir uns, nur mit Hemd und Unterhose bekleidet, auf dem bloßen Fußboden hinsetzen. Die Fenster der Baracke waren ausgehängt. Der Blockälteste, Hermann Büchler, erklärte uns, dass wir uns hinsetzen dürften, sei eine besondere Begünstigung. Um 6 Uhr mussten wir wieder vom Boden aufstehen und erhielten draußen vor dem Block in einem alten verrosteten Essnapf immer zwei und zwei zusammen, einen knappen halben Liter schwarze Brühe; es sollte Kaffee sein. Dann standen wir den ganzen Tag, es war der 27. November, in grimmiger Kälte vor dem Block im Freien. Vormittags hielt der Blockälteste Büchler eine Ansprache, in der er ausführte: „Ihr seid jetzt im

Konzentrationslager Mauthausen, wo jeder nur eine Nummer hat und ist, wo es nur unbedingten Gehorsam oder Tod, aber keine Beschwerde gibt. Wer sich beschwert, wird einfach totgeschlagen oder aufgehängt. Je mehr ich totschlage, umso angesehener bin ich als Blockältester bei der Lagerleitung."

Um halb 11 Uhr mittags gab es einen dreiviertel Liter angefaulten, erfrorenen Weißkohl mit ungeschälten und ebenfalls angefrorenen Kartoffeln. Das Essen musste wieder aus den alten rostigen und verschmutzten Näpfen genossen werden, natürlich im Freien und ohne Löffel. Der Begriff Löffel war hier ein unbekanntes Ding, so etwas gab es nicht. Nachmittags hörten wir eine Rede des SS-Blockführers ähnlichen Inhalts wie die vormittägige Ansprache. Um 5 Uhr gab es ein Stück Brot und ein drittel Liter Wassersuppe; natürlich wieder in dem Blechnapf, der inzwischen nicht gereinigt worden war. Als einige Kameraden diese Reinigung vornehmen wollten, bekamen sie Gummiknüppelschläge und Fußtritte. Um 8 Uhr abends durften wir in den Block und wurden dort wie Heringe auf dem Fußboden zusammengepackt. So sollten wir in kalter Novembernacht bei ausgehängten Fenstern und ohne Decke schlafen. Nein, wir sollten ja gar nicht schlafen; um 10 Uhr trieb man uns wieder hoch und führte uns in Gruppen zu 50 Mann zum Lagerbüro. Natürlich durften wir nicht in die warme Schreibstube hinein, sondern mussten 2 Stunden auf dem Platze vor derselben warten. Gegen 12 Uhr kam der Lagerleiter Bachmayer[2] mit seiner großen Dogge und dem Lagerschreiber Leisinger, beide schlugen mit Hundepeitschen und Ochsenziemern[3] ohne Unterlass auf uns ein. Manchem lief das Blut über Kopf und Gesicht. Dann jagte der Lagerleiter Bachmayer seine Dogge zwischen uns, die elf Kameraden mehr oder weniger schwere Bisswunden beibrachte. Sechs der Gebissenen starben. Mein linker Unterarm und die Hand weisen heute noch Narben von jenen Bisswunden auf.

Nach diesem Zwischenspiel mussten wir eineinhalb Stunden lang mit blutenden Wunden in Schnee und Dreck exerzieren. Das „Exerzieren" bestand darin, dass wir auf Ellenbogen und Knien vorwärtskriechen mussten oder beim Schnelllaufen Hinlegen und Aufstehen. Hundepeitsche und Ochsenziemer halfen dabei fleißig nach. Um halb 2 Uhr nach dem Block gekommen, ging das „Exerzieren" von neuem los: ungefähr 250 Häftlinge mussten gleichzeitig vom Boden aufspringen, durch eine enge Tür laufen und sich im Vorzimmer in Zehnerreihen aufstellen. An dem Engpass der Türe stand der Lagerleiter Bachmayer und der Blockälteste Büchler, beide schlugen mit Hundepeitschen und Ochsenziemern auf uns ein. So ging es eine Stunde lang immer hin und her. Wenn einer stürzte, trampelten die anderen, von Hundepeitschen und Ochsenziemern gehetzt, darüber hinweg. Als dieses Spiel mit Menschen nach einer Stunde beendet und 11 Tote gemeldet waren, sagte Lagerleiter Bachmayer: „Was, nicht mehr Tote? Da habt ihr unnötiges Hundefutter aber Glück gehabt!"
Um 3 Uhr morgens kamen wir endlich wieder zum Liegen.

Halb 6 Uhr früh wieder Wecken. Dann neuerlich den ganzen Tag im Freien, mit derselben Verpflegung, mit immer noch blutenden Wunden.

Das Essen war monatelang ein und dasselbe ohne Abwechslung. Durch Hunger und Kälte gab es täglich mehrere Tote. Viele Kameraden gingen aus Verzweiflung in den elektrisch geladenen Stacheldraht, um so ihr elendes Dasein zu beenden.

Als wir am 29. November, wie üblich, wieder draußen standen, kam unser Blockführer mit einem zweiten Blockführer, ließ die anwesenden katholischen Geistlichen und Bibelforscher [Zeugen Jehovas] heraustreten und befahl ihnen, einzeln in den Block hereinzukommen. Dort wurden sie geschlagen bis sie umfielen. Wer dann durch Fußtritte und Hiebe nicht schnell genug aufstehen konnte und herauslief, wurde einfach totgetreten. Als der 42 jährige katholische Geistliche Keller nicht mehr aufstehen konnte, stellten sich der SS-Blockführer und der Blockälteste Büchler auf ihn und sprangen so lange herauf und herum, bis der Geistliche tot war. Die Leiche wurde zu den anderen Toten vor den Block in den Rinnstein geworfen. Hier lagen die Leichen tagelang, ehe sie zum Krematorium geschafft wurden.

Am 2. Dezember kam ein neuer Transport von 300 Häftlingen im Lager an. Diese wurden im Quarantäneblock 17 unter denselben Bedingungen wie wir untergebracht. Als am nächsten Tag der Blockälteste einen von ihnen schlug, setzte sich dieser zur Wehr. Sofort war der Block in Alarmzustand. Es kam die SS mit fast sämtlichen Blockältesten. Sie schlugen eine große Anzahl Häftlinge tot, eine noch größere Anzahl wurde verwundet. Nachher gab es tagelang nichts zu essen. Was noch stehen und gehen konnte musste Tag und Nacht bis zum Umfallen Strafexerzieren.

Am achten Tage nach der Verwundung durch den Bluthund des Lagerleiters bekam ich eine Blutvergiftung, zu der sich eine Lungenentzündung gesellte. Man brachte mich zum Krankenblock 20 zur ärztlichen Behandlung. Hier lagen schwerkranke und operierte Menschen zu zwei und vier Mann in einem 80cm breiten Bett, das, wie bei der Wehrmacht, zwei Liegestätten aufwies, die übereinander angeordnet waren. Die Bettgestelle waren so hinfällig, dass es ein sich stündlich wiederholender Vorgang war, wenn die oberen Liegestätten infolge des Gewichts der darauf liegenden Kranken durchbrachen und diese auf die unteren Bettinsassen fielen. Dann gab es Schimpfen, Schlagen und Wehklagen. Solches geschah in diesem Krankenblock Tag und Nacht.

Als nach drei Wochen die Geschwulst meines Armes nachließ, verlegte man mich in die Stube B, zu den innerlich Kranken; das heißt, ich wurde zur Vergasung bestimmt. Hier lagen ausnahmslos Seuchenkranke mit Leiden wie Typhus, Tuberkulose etc. und allen nur erdenklichen anderen Krankheiten. Es waren fast restlos Todeskandidaten. Ich lag mit zwei Kameraden, von denen der eine Phlegmone [eine eitrige, sich diffus ausbreitende Infektionserkrankung der Weichteile], der andere Rippeneiterung [eine Begleitkrankheit z.B. bei Typhus] hatte, in einem Bett. Den Morgenkaffee erhielten wir zu dritt in einem Napf, das Mittagessen wieder ohne Löffel. Den Gestank in diesem „Krankenhaus" von ungefähr 8 mal 9m Größe, in dem mehrere hundert Kranke untergebracht waren, kann man sich nicht vorstellen. In demselben Raum standen die Klosett- und Pissoirkübel offen, ohne Deckel und wurden täglich nur dreimal entleert. Waren die Kübel vor der Entleerung voll, konnten die Kranken diese nicht mehr benutzen. Gingen die Leute nun infolge der Qual nichtbefriedigter Notdurft trotzdem austreten, dann liefen die Kübel über und der Unrat ergoss sich in die ganze Stube. Da es keine Pantoffeln oder sonstiges Schuhzeug gab, liefen die Gefangenen mit bloßen Füßen darin herum.

Alle paar Tage wurden die Opfer für die Gaskammer ausgesucht oder es wurden sogenannte „Erholungstransporte" zusammengestellt. Diese bestanden darin, dass 80 bis 100 Häftlinge in dürftiger Unterkleidung in einem Omnibus der Reichspost mit blau gestrichenen Fenstern verfrachtet wurden und nach einer der in der Nähe liegenden früheren Irrenanstalten (Hartheim[4] & Ybbs), kamen. Diese Anstalten waren jetzt für gynäkologische Experimente eingerichtet und die dorthin Geschafften wurden als Versuchskaninchen langsam hingemordet. Im März 1943 wurde fast die ganze Belegschaft von Block 19, der nun auch als Krankenblock eingerichtet war

– mehr als 600 Männer – nach diesen sogenannten „Erholungs-heimen" geschickt.

Im April wurde das ehemalige Russenlager, das aus früheren Pferdeställen bestand, als Sanitätslager eingerichtet und sofort mit mehr als 3000 Kranken belegt. Diese Zahl stieg später bis zu 10.000. Hier lagen dann in einem Raum von ungefähr 32 Meter Länge und 8 Meter Breite zwölf- bis vierzehnhundert kranke Menschen. Immer drei bis vier, manchmal sogar fünf in einem Bett von 74cm Innenbreite und drei Liegestätten übereinander, deren Höhenabstand 45cm maß. Es konnte sich niemand aufsetzen und die vier Mann in einem Bett waren nicht in der Lage, sich zu wenden. Unter diesen Umständen waren wir gezwungen, den fragwürdigen Inhalt unseres Essnapfes ohne Löffel, auf der Seite liegend, hinunterzuschlürfen.

Ganz besonders schlimm waren die Verhältnisse im Block 1, dem sogenannten Invalidenblock. In diesem befanden sich gebrechliche und altersschwache Menschen sowie russische Kriegsbeschädigte. Der Blockälteste, Peter Schmitz, ein ehemaliger Fürsorgehäftling [Wort für Heimkind welches meist Zwangsarbeit leisten musste] aus Köln, hat viele hunderte Menschenleben auf dem Gewissen; er hat sie mit Wissen der SS um ihre kargen Lebensmittel bestohlen, viele totgeschlagen, aufgehängt, zur Einspritzung [Gift] oder Vergasung gemeldet. Dieses Ungeheuer stellte sich des Öfteren mitten in den Block und schrie: „Je mehr ich von Euch umbringe, desto an-gesehener bin ich bei meinem Kommandanten!". Die sanitären Zu-stände in diesem Block waren ungeheuerlich. Am hinteren Ende des Blockes war ein Bretterverschlag angebracht, hinter welchem drei Klosett- und Urinkübel standen, in die 1000 bis 1400 Menschen ihre Notdurft verrichten mussten. Diese 1000 Häftlinge durften aber nur stundenweise austreten. Wenn das Signal hierzu kam, stürzten sich 100 zu den Kübeln. Kaum waren 30 bis 40 Mann angetreten, wurde abgepfiffen und es hieß, wieder in die Betten. Nach einer oder zwei Stunden wieder dasselbe. So ging es den ganzen Tag fort; das Blockpersonal konnte sich dabei ergötzen. Viele kamen den ganzen Tag nicht zum Austreten. Natürlich mussten dann die Kranken den Unrat ins Bett machen. Die Folge war, dass sie vom Blockältesten halb oder ganz totgeschlagen wurden.

Im Block 8 waren die sanitären Zustände noch viel schlimmer. Hier wurden auch die von der Lagerleitung zugeteilten Rationen an Wurst, Margarine und Marmelade durch die Block- und Stubenältesten teilweise oder ganz gestohlen und auf Umwegen gegen Schnaps eingetauscht. In diesem Block lagen die mit den scheußlichsten Seuchen behafteten Kameraden. Es gab hier Typhus, Fleckfieber, Cholera, Bakterienruhr, Phlegmone, Durchfall, Syphilis, Tuberkulose, Gesichtsrose usw. in bunter Reihenfolge. Immer drei bis vier Mann in einer Etage und jedes Bett mit drei Etagen. Ohne Strohsack lagen die Kranken auf den blanken Brettern. Zum Zudecken war je Etage eine alte, zerfetzte Decke vorhanden. Wäsche gab es keine.

Wenn nun diese halbtoten und entkräfteten Menschen nicht mehr Herr über ihre Organe waren und aus Schwäche und Apathie ihre Notdurft im Bette machten, dann lief der Unrat auf die Darunterliegenden. Es herrschte ein entsetzlicher Gestank.

Ich bin später infolge meiner Arbeitseinteilung fast täglich in diesem Block gewesen. Wenn ich mich drei bis vier Minuten darinnen aufhielt, wurde mir jedes Mal übel, so dass ich sofort wieder heraus musste. In dieser Hölle, dem sogenannten „Sanitätslager", habe ich elf Monate zugebracht.

Ich bin mit 136 Pfund (68kg) Körpergewicht in Mauthausen angekommen und wog nach fünf Wochen noch 95 Pfund (47,5kg).

Als die Amerikaner uns befreiten und ich entlassen wurde, hatte ich wieder ein Gewicht von 114 Pfund (57kg).

Von meinen Krankheiten einigermaßen wieder hergestellt – ich verdanke dies hauptsächlich den Häftlingsärzten Professor Schablinsky, einem Polen, und dem Jugoslawen Dr. Weremones - kam ich wieder in den Block 10 des Hauptlagers. Dort teilte man mich dem Straßenbaukommando zu. Wir mussten die Zufahrtsstraße von Mauthausen zum Lager mit Kies bestreuen und Schnee schaufeln, natürlich in unzureichender Kleidung und alle halb verhungert. Die Folge war, dass ich nach 5 Wochen neuerlich in das Krankenlager musste. Der ganze Körper war von oben bis unten voll Wassergeschwülste. Fast die Hälfte aller Lagerinsassen hatten vom Wasser [Wassereinlagerungen] geschwollene Füße und Beine.

Diesmal lag ich im Block 3 des Krankenlagers. Hier konnte ich beobachten, wie viele Kranke, an manchem Tage bis zu hundert, durch Gifteinspritzungen getötet wurden. Wenn morgens nach dem Wecken das nach dem Ärzteblock liegende Fenster mit Decken verhängt wurde, rief man kurz darauf aus jedem Block eine Anzahl Häftlinge heraus und führte sie in die Ambulanz. Aus meinem Block waren es manchmal bis zu zwanzig Häftlinge. Im Vorzimmer des Arztes mussten sich die Aufgerufenen nackt ausziehen. Einzeln in das Arztzimmer eingetreten, bekamen sie hier vom SS-Standortarzt ober vom Häftlingsoberpfleger - uns bekannt unter dem Namen Erwin - eine Benzinspritze, welche bald darauf den Tod herbeiführte. Diese Opfer wurden dann vor dem Block auf einen Haufen geworfen und später durch das Leichenkommando, immer 8 bis 10, auf einen Handwagen zum Krematorium gefahren. Das heißt zum Schmoren, denn die Toten wurden als Folge der sich häufenden Anzahl nur unvollständig verbrannt. Die halb verbrannten Knochen warf man auf den Schutthaufen, von wo sie dann mit Schutt und Kies vermengt, zum Straßenbau verwendet wurden.

Da ich zwei goldene Brücken im Mund hatte wurden mir von dem Blockältesten Peter Schmitz und dem Pfleger Pedro alle Zähne bis auf fünf Stück herausgeschlagen. Ich erhielt dann später auf Umwegen von einem im Lager befindlichen Zahnarzt (einem Tschechen), nach Entfernung der Zähne, welche auch lose waren, ein neues Gebiss gemacht. Sonst wäre ich elend zugrunde gegangen, da ich überhaupt nicht kauen konnte.

Nach meiner zweiten Krankheit wurde ich ohne Grund vom SS-Standortarzt zur Operation bestimmt. Bei der Operation wurde mir der linke Hoden einfach heraus geschnitten. Da ich nur örtlich betäubt war, konnte ich jedes Wort bei der Operation verstehen. Als der Standortarzt mit der Operation begann, sagte der assistierende Häftlingsarzt (ein Russe), dass die Entfernung eines Hodens gefährlich sei. Darauf antwortete der Standortarzt: „Ach, der lebt ja doch nur noch einige Tage, da kommt es nicht darauf an." Nach beendeter Operation lag ich nackt - die Wunde war nur mit einem Gazelappen [Tuch zur Wundabdeckung] überklebt - im Vorraum und musste zusehen, wie der Standortarzt den Hoden zerschnitt. Solche Operationen sind sehr häufig vorgenommen worden, endeten aber gewöhnlich mit dem Tod des Operierten.

Im Krematorium brannten fast Tag und Nacht drei Verbrennungsöfen. Die Toten steckte man nicht einzeln, sondern immer 8 bis 10 zusammen, in den Verbrennungsofen. Infolge zu geringer Verbrennungshitze stank das ganze Lager Tag und Nacht nach halbverbrannten Leichen. Wo man ging und stand, stets hatte man diesen ekelhaften, süßlichen, penetranten Geruch und Geschmack in Nase und Mund. Die hell lodernden Flammen schlugen nachts meterhoch aus dem Schornstein des Krematoriums.

Als ich nach einigen Monaten wieder hergestellt war, wurde ich Kanalreiniger. Wir hatten die Aufgabe, die Abflusskanäle des Lagers zu reinigen; eine der schmutzigsten Arbeiten. In den Kanälen und Schächten sammelten sich Chlor und Giftgase, welche teilweise zur Vergasung verwendet wurden. Bei dieser Arbeit zog ich mir eine Gasvergiftung zu, an der ich wohl mein ganzes Leben lang zu leiden haben werde. Ich bin bei dieser Arbeit im ganzen Lager herumgekommen und konnte so sehr viel beobachten.

Selbst war ich viermal für die Gaskammer bestimmt, konnte jedoch jedes Mal von den schon aufgeführten beiden Häftlingsärzten gerettet werden. Diesen beiden Menschen habe ich es zu verdanken, dass ich heute noch am Leben bin.

Die hygienischen Zustände waren auch im Hauptlager sehr schlecht. Es befanden sich zwar in den Blocks, mit Ausnahme des Sanitätslagers – das Zelt genannt -, des Judenlagers und des Lagers 3, Wasserspülklosetts. Diese durften jedoch in den meisten Blocks tagsüber nicht benutzt werden, sondern die Häftlinge mussten vor den offenen Blocks in den Kanalschacht ihre Leibesnotdurft verrichten. Gleich danach wurde das Essen ausgegeben. So war es bei den Männern, wie auch bei den Frauen. Vielfach verstopften sich die Kanalschächte und Rohre, die Reinigungsschächte liefen über die ganzen Höfe und standen voll Unrat.

Wenn im Keller des Krematoriums der Schießstand, auf dem die von der Gestapo verurteilten ermordet wurden, sowie Gaskammer und Sezierraum in Tätigkeit waren, kam es vor, dass sich die Abflusskanäle mit geronnenem Menschenblut verstopften. Da standen wir dann als Kanalräumer beim Wiederflottmachen und Reinigen der Kanäle jedes Mal in dem Schacht, der ungefähr einen Querschnitt von 1,3 zu 1,3 Meter hatte, fast bis zu den Knien in Menschenblut.

Die Erschießungen am laufenden Band wurden meist vorgenommen vom Arbeitsdienstführer Trum[5], vom Schutzlagerführer Bachmayer, vom zweiten Lagerführer Streitwieser[6] oder vom Kommandanten Ziereis[7], aber auch viele andere SS-Bestien haben Erschießungen durchgeführt. Die erhängten Häftlinge hat zum großen Teil der zweite Lagerälteste, mit Namen Unek, ein verkommenes Wiener Subjekt, auf dem Gewissen. Als die amerikanischen Truppen unter Oberst Seibel das Lager besetzten, ist dieser Held Unek in SS-Uniform mit der SS geflüchtet. Er war kurz vorher mit mehreren Verbrechern seiner Sorte von der SS übernommen worden. Die Amerikaner haben diese Helden gefangen genommen und der wohlverdienten Strafe zugeführt, wie sie auch viele der SS-Helfer ergriffen haben. Jetzt warten diese vertierten Menschen in Mauthausen und den anderen Lagern auf ihre Aburteilung.

In der Zeit vom Juni 1938 bis Mai 1945 wurden in diesem Lager fast 2 Millionen Menschen vernichtet. Von den eingebrachten Kleidungsstücken, Effekten, Wertsachen und Geld war nichts mehr vorhanden, sodass wir in der Sträflingsuniform entlassen werden mussten.

Als Anfangs diesen Jahres [1945] die drei Verbrennungsöfen im Krematorium zum Verbrennen der Leichen nicht mehr ausreichten, wurden oberhalb des Lagers große Massengräber ausgehoben. In ein solches Massengrab wurden dann bis zu 6000 Tote hineingeworfen und die Grube zugeschüttet.

Bei Einnahme des Lagers durch unsere Befreier am 5. Mai fanden diese ungeheure Mengen von Toten, die buchstäblich verhungert waren, zwischen den Blocks des Krankenlagers und hinter dem Krematorium aufgestapelt vor. Da gab es Haufen von bis zu 500 Toten, jeder mit seiner Lagernummer am Arm.

Im Winter 1944/45 kamen große Transporte mit bis zu 10.000 Häftlingen aus Lagern im Osten, wie Auschwitz, Groß-Rosen und anderen. Es waren meist Juden, Männer, Frauen und Kinder.

So ist ein Transport im Februar 1945 in Auschwitz abmarschiert, bestehend aus 40.000 Gefangenen. Nach dreiwöchiger, zum Teil zu Fuß zurückgelegter Reise kamen in Mauthausen nur 10.000 an, die anderen 30.000 waren unterwegs zugrunde gegangen. Sie erhielten während der ganzen Reise nichts Warmes zu essen oder zu trinken, lediglich alle drei Tage ein Stück trockenes Brot. Die Angekommenen wurden dann, ohne registriert zu werden, im Zeltlager untergebracht.

Nach drei Wochen lebte von diesen 10.000 keiner mehr. Jene, welche nicht verhungert oder erfroren waren, schlug man tot, warf sie in daneben ausgeworfene Massengräber ohne derer zu achten, die nur bewusstlos waren und sich dann in den Gräbern noch bewegten und schrien.

Im Februar 1945 traf ein Transport mit 1600 Männern, Frauen und Kindern aus Ungarn ein. Dieser Zug war elf Tage nahezu ohne jede Nahrung unterwegs. Als der Transport abends gegen 10 Uhr im Lager ankam, -viele krochen auf Händen und Füßen – mussten die Gefangenen auf dem Appellplatz antreten. Es kam der Lagerkommandant Ziereis mit seinem Verwaltungsstab, hielt seine übliche hohnvolle Ansprache und fragte, wer sich krank oder schwach fühle.

Als sich fast alle meldeten, mussten sich sämtliche nackt ausziehen. Dann spritzte die Lagerfeuerwehr aus den starken Hochdruckhydranten auf die Unglücklichen. Nach einigen Stunden lebte von den 1600 Ankömmlingen keiner mehr. Viele wurden von der Lagerpolizei totgeschlagen, da der Kommandant erklärt hatte, morgen wolle er von „denen" keinen mehr am Leben sehen. Die Toten wurden zum Krematorium geschafft.

Wenn das Krankenlager überfüllt war und das Sterben nicht schnell genug ging, kam der Herr Standortarzt oder Lagerleiter Bachmayer und befahl, einige tausend Häftlinge in das Lager 3 zu verlegen. In diesem Lager 3 gab es sehr wenig zu essen und es wurden täglich 300 Insassen mit Knüppeln und Peitschen, wie die Hammel auf einem Großschlachthof, in die Gaskammern getrieben und vergast, anschließend verbrannt.

Bis zwei Tage vor Eintreffen unserer Befreier, der Amerikaner, wurden so täglich 300 Menschen vergast und verbrannt. Noch 16 Stunden ehe die ersten Amerikaner in das Lager kamen, wurden politische Häftlinge durch einen Genickschuss umgelegt. Wenn die Amerikaner am 5. Mai nicht gekommen wären, hätte man alle 25.000 Häftlinge noch ermordet. Der Befehl zur Durchführung dieses Massenmordes lag bereits vor. Ebenso wäre es den hunderttausenden von Häftlingen ergangen, die auf die einzelnen Teillager von Mauthausen verteilt waren.

Acht Tage vor dem Einmarsch der Amerikaner verbrannte die Gestapo ihre Akten und rückte aus. Einen Tag vor Eintreffen der Befreier verschwanden die SS-Mörder. Sie wollten das Lager der Wiener und Linzer Polizei und der Feuerwehr übergeben. Polizei und Feuerwehr aber weigerten sich, das Lager zu betreten und die Verantwortung hierfür zu übernehmen.

Noch nach der Besetzung des Lagers durch die Amerikaner staben täglich 100 bis 120 Häftlinge; den durch Hunger und Krankheit geschwächten konnte trotz bester Pflege nicht mehr geholfen werden.

Der Hunger war in der letzten Zeit so groß gewesen, dass die Häftlinge von den Toten aus dem Krankenlager Fleischteile aus Oberschenkeln und Oberarmen herausschnitten oder den Leib öffneten, Lunge und Leber herausnahmen und aufaßen.

Im März und April dieses Jahres [1945] kamen verhungerte Seuchenpferde zum Schlachten an. Sie wurden hinter der Küche geschlachtet. Bei dieser Arbeit drängten sich die Häftlinge heran und stahlen zu Hunderten trotz Prügel und Fußtritten die rohen, ungereinigten Eingeweide und verschlangen diese. Die Füße der Pferde wurden mit Glasscherben geschabt und direkt verzehrt, so dass nichts als die äußere Hufschale und das Hufeisen übrig blieben. Viele wurden krank davon und starben. Im letzten Monat bestand das Essen fast ausschließlich aus geriebenen Zuckerrüben und geriebenen, faulen und ungeschälten Kartoffeln. Die guten Kartoffeln wurden für die SS-Küche ausgesucht.

Das Konzentrationslager Mauthausen ist seit seinem Bestehen 1938 infolge Hunger und Seuchen dreimal nahezu ausgestorben.

Wenn morgens der Weckruf ertönte, ging es im Galopp zum Waschen, Reinigen, Kaffeeholen zur Kaffeeausgabe und zum Morgenappell; dann zur Arbeit. Mehr als 1000 Männer mussten im Steinbruch[8] arbeiten. Was die halbverhungerten, schwachen Menschen hier an Schlägen mit allen möglichen Gegenständen und an Fußtritten erdulden mussten, ehe sie der Tod erlöste, spottet jeder Beschreibung. Viele Tausende sind hier einfach totgeschlagen worden. An dieser Stelle des Grauens ließ auch der bekannte

Vorarlberger Lunardon[9] sein mutiges Leben. Vielfach sind ganze Trupps, insbesondere Juden, von der obersten Platte[10] des Steinbruchs, welche ungefähr 60 bis 80 Meter hoch lag, einfach heruntergejagt und gestoßen worden. Am schlimmsten hatte es hier die sogenannte Strafkompanie; ihre Angehörigen mussten Steine im Gewicht von 60 bis 100kg einen halben bis einen ganzen Kilometer weit tragen, dann eine Treppe[11] mit 186 Stufen mit der schweren Last hochsteigen und anschließend wieder die Steine einige hundert Meter weit schleppen. Dies alles geschah im Eilschritt, wer nicht mitkam, war tot und es gab hier sehr viele Tote. So mancher Häftling wurde hier von den SS-Bestien erschossen oder von ihren Helfern, den sogenannten Capos[12], in den Stacheldraht gejagt oder einfach totgeschlagen.

Viele hunderte Häftlinge arbeiteten in den Rüstungsbetrieben. Dort war es nicht ganz so schlimm, aber auch da waren Schläge und Fußtritte die tägliche Daseinswürze.

Ungefähr die Hälfte der Lagerinsassen war überhaupt nicht zur Arbeit eingeteilt, weil sie hierzu zu schwach und zu elend war. Von denen die arbeiten, erhielten vielleicht die Hälfte wöchentlich 50 Pfennig, ein anderer Teil wöchentlich 1 Reichsmark und ein kleiner Teil wöchentlich 1,50 bis 2 Reichsmark Arbeitsprämie. Hierfür konnten wir uns dann in der Kantine Zigaretten kaufen. Für eine Reichsmark gab es 6 bis 8 Zigaretten und ein Päckchen Riechpulver, Kümmel oder Zahnpulver, aber keine Zahnbürste; alles wertloses Zeug für den Häftling.

Über die Gestapo

Wer zur Vernehmung bei der Gestapo, diesem feigen, erbärmlichen Lumpengesindel, aufgerufen wurde, rechnete mit seinem Tode, mindestens aber mit dem Verlust mehrerer Zähne, blauen Augen oder 25 bis 100 Hieben mit dem Ochsenziemer. Diese perversen Sadisten wussten vor Wollust und Langeweile nicht, was sie anfangen sollten. Ich habe gesehen, dass Häftlinge bei der Vernehmung auf dem Fensterbrett sitzen mussten und wenn die Antwort den Herren der Gestapo nicht passte, gab es einen Kinnhaken, der Häftling flog zum Fenster hinaus und rollte den drei Meter hohen Abhang der Böschung hinunter. So ging es fort, bis die Herren ihren Heldenmut gekühlt hatten. Ich habe Frauen und Mädchen gesehen, deren Körper von oben bis unten blau und blutunterlaufen geschlagen war.

Alle diese Millionen, die von den Truppen der Alliierten aus diesen „Nationalsozialistischen Kulturschulen" gerettet worden sind, können nicht dankbar genug sein.

Ich überlasse es dem Leser selbst, sich darüber klar zu werden, ob es für diese Leiden und Qualen eine Vergeltung und Wiedergutmachung geben kann.

Ausführungen des Schutzhäftlings Nr. 50801

Breitenfellner Karl, geboren am 27. April 1905 zu Burgkirchen in Oberösterreich, seit 1925 zu Feldkirch in Vorarlberg wohnhaft, war mit Geier Paul im Konzentrationslager Mauthausen zwölf Monate hindurch täglich beisammen und kann dessen Angaben lediglich nur Ergänzendes hinzufügen.

Ich wurde am 1. August 1941 zwischen Nenzing und Bludenz von der Arbeit weg von der Gestapo verhaftet und in das Landesgericht Feldkirch eingeliefert. Nach 14 Tagen hatte ich mein erstes Verhör, welches von 10 Uhr morgens bis abends 6 Uhr dauerte. Da sich zehn Zeugen fanden, die unter Eid aussagten, dass ich vollkommener Antinazi sei, war ich ziemlich geständig. Deshalb ging es bei mir ohne die berüchtigten Geständnismethoden der Gestapo ab. Zarte Andeutungen wie: „nicht mehr heimkommen, falls der Krieg für Deutschland schlecht ausgehen sollte und dergleichen", fehlten natürlich nicht. Die schwerste Belastung war, dass ich früher Funktionär der Sozialistischen Partei Österreichs und Mitglied des republikanischen Schutzbundes[13] war und stets erklärt hatte, Deutschland werde den Krieg verlieren. Diese Ansicht begründete ich immer damit, dass der Nationalsozialismus sein Grab in der Sowjetunion finden werde.

Nun formulierte die Gestapo eine Anklage auf Hochverrat unter der Begründung, ich hätte die gewaltsame Änderung der Verfassung und Lostrennung der Ostmark als ein zum Deutschen Reiche gehörendes Gebiet angestrebt.

Am 16. Januar 1942 tagte der Volksgerichtshof des siebenden Senates aus Wien unter dem Vorsitz D. Engels in einer widerlichen Justizkomödie gegen drei Arbeiter aus Feldkirch. Bobleter Max und ich wurden wegen gleichen Verbrechens zu 5 bzw. 6 Jahren schweren Kerkers verurteilt. Der dritte wurde freigesprochen.

Am 20. Februar 1942 wurde ich gefesselt zu zweien und zweien und mit einem Transport, bestehend aus Schwerverbrechern, zur Verbüßung meiner sechsjährigen Kerkerstrafe dem Zuchthaus Kaisheim bei Donauwörth überstellt. Dort hieß es beim Empfang: „Was, Österreicher bist Du, na, das Schmerlzeug fehlt uns noch. Erst holt man Euch aus dem Dreck heraus und statt darüber glücklich zu sein, macht ihr Hochverrat."

In dieser Strafanstalt hieß es arbeiten. Es ist kaum zu glauben, was diese Zuchthausbeamten (Werkmeister) durch sogenannte Strafrapporte und Androhungen aus den Häftlingen herauspressten. Natürlich alles für die Kriegswirtschaft. Sie, die Beamten wurden befördert und belobigt.

Am 2. Februar 1943 wurden die politischen Häftlinge - 63 an der Zahl - nach Stadelheim bei München zwecks Aktenüberprüfung überstellt. Dort bestimmte man die Unverbesserlichen – ungefähr 30 Männer – für das Vernichtungslager Mauthausen. Die oft von Hitler angerufene Vorhersehung reihte mich in die Schicksalsgemeinschaft derer ein, denen es bestimmt sein sollte, den Mythos des 20. Jahrhunderts[14] in Reinkultur zu erleben.

Vor meinem Abgang aus dem Zuchthaus ließ mich der Anstaltsgeistliche zu sich rufen und sagte mir unter anderem: „Über Mauthausen schwebt ein großes Geheimnis, darüber darf nicht gesprochen werden und auch nicht geschrieben werden". Es war aber ein grauenhaftes Geheimnis, das wir zu erfahren für würdig befunden wurden.

Die von Paul Geier geschriebenen Erlebnisse sind nur Bruch-stücke, denn jeder Häftling erlebt täglich und stündlich Schreckliches.

Das System war im Großen und Ganzen folgendes: Die SS war Lagerwache und herrschte nach Willkür. Es bestanden Lagergesetze, wer sie übertrat, war meistens tot. Kommandant war SS-Standarten-führer Ziereis, ein brutales Individuum aus München. Schutzhäft-lingsführer war Bachmayer, ein Sadist ersten Ranges. Dann gab es die Arbeitseinsatzführer Trum und Streitwieser, Kommandoführer, Blockführer, Rapportführer usw. Die Verwaltung oblag den Häft-lingen, welche von der SS hierzu bestimmt wurden [Blockälteste etc.]. Das waren dann Kreaturen von SS-Gnaden.

Im Hauptlager befanden sich durchschnittlich 15 bis 25.000 Häftlinge aller Nationen und Delikte. Die Insassen waren außer mit ihrer Nummernbezeichnung auch nach Nationen und Straftaten gekennzeichnet. Politische Häftlinge hatten z.B. neben ihrer Nummer an Hemd und Hose einen roten Winkel zu tragen, kriminelle Häftlinge einen grünen, asoziale schwarz, Bibelforscher violett, Juden gelb usw. Im Lager wurden als Mittelschicht zwischen SS und Häftlingen sogenannte Capos eingesetzt, die selbst Häftlinge waren, jedoch, da sie jeden Befehl der SS ausführten, ja sogar deren geheimste Wünsche errieten, eine gewisse Autorität gegenüber den anderen Häftlingen ausüben durften.

Die Capos mussten auf Befehl der Wachen Mitgefangene erschlagen und bestehlen. Sie hatten dafür gewisse Vorzüge wie Kino- und Bordellbesuche und besseres Essen. Die gute Verpflegung ging natürlich auf Kosten der Mithäftlinge. Kamen bis zum Jahr 1944 Gefangene mit Goldzähnen im Lager an, dann wurden sie von diesen Subjekten in Empfang genommen und ihnen die Goldzähne ausge-brochen. Für diese Goldzähne lieferte die SS Schnaps an diese

Ungeheuer. Es gab Capos, die ganze Beutel voll solcher Goldzähne hatten. Gab es von Seiten der SS Razzien und wurde solches Gold gefunden, dann fand der Besitzer den Tod in öffentlicher Hinrichtung als Lagerverbrecher wegen groben Vergehen an Mitgefangenen. In Wirklichkeit aber deshalb, weil der Betreffende das Gold für sich behalten wollte und er es damit der SS vorenthielt.

Ich selbst befand mich 15 Monate lang im sogenannten Sanitätslager, welches aus 10 Baracken - Blocks genannt – bestand. Ich war in der dortigen Weberei beschäftigt. Mein Obercapo war ein Raubmörder aus Düsseldorf, Hein Hackebrach, der zu 48 Jahren Zuchthaus verurteilt war.

Später fand ich als Waschraumbediensteter Beschäftigung und wurde auch zu anderen Lagerarbeiten herangezogen.

Nach drei Monaten Lagerhaft brach bei mir am linken Fuß die gefürchtetste Lagerkrankheit, Phlegmone, aus; ein Leiden, dessen Entstehungsursache nur auf Vitaminmangel beruht. Die meisten Kranken erlagen diesem Leiden.

Nach der Operation begann wieder einmal eine Erholungsverschickung in den berüchtigten blauen Autos - von den Häftlingen „Fetzenwagen" genannt. Ich wurde jedoch von einem Häftlingsarzt, bei dem ich als politischer Häftling und Österreicher gut angeschrieben war, zurückgestellt. Die Tage vergingen in steter Aufregung; was wird die nächste Stunde bringen, wer wird vergast, wer erschossen oder erschlagen. An Todesarten war ja kein Mangel, die Bestien erfanden alles Erdenkliche.

Im August 1944 kam eine Gruppe von 50 Saboteuren aus Holland in das Lager. Die Leute waren vorher schon 2 Jahre in einer Strafanstalt gewesen. Diese ausgehungerten Menschen mussten laut

Befehl der Gestapo vernichtet werden. Die Wahl der Todesart blieb der Lagerleitung überlassen. Der Kommandant befahl Strafkompanie.

Nun wurden diesen Menschen 50 bis 80kg schwere Steine aufgeladen und mit dieser Last mussten sie die 186 Stufen zählende Steintreppe des Steinbruchs Wienergraben emporhetzen. Wer nicht mitkam, ließ sein Leben schon auf der Stiege. Manche kamen oben vollkommen erschöpft an. Der Capo riet ihnen gutherzig: „Seid nicht so dumm, geht in die Postenketten [elektrisch geladen], das geht schneller, am Abend lebt von euch doch eh keiner mehr." Einige befolgten den Rat, die anderen wurden weitergehetzt. Diese blut-überströmten Gesichter mit den hervorquellenden Augen werden jemand, der sie sah und dieses furchtbare Schauspiel erleben musste, stets in Erinnerung bleiben.

Der Kommandant sah von oben zu und gab Befehl, die Gangart noch mehr zu steigern. Nach zweimal Hochjagen war das traurige Schauspiel zu Ende. 50 Männer, die für ihre Heimat eingetreten waren, lagen als Feinde des dritten Reiches in stummer Schar vereint im Vorraum des Krematoriums.

Vierzehn Tage später dasselbe Schauspiel. 22 Männer aus Linz und Wels hatten ein riesengroßes, das tausendjährige Reich erschütternde Verbrechen begangen. Sie hatten sich zusammen-gefunden zu einer Hilfsaktion für politisch Inhaftierte. Jeder hatte sich verpflichtet, für Angehörige politischer Gefangener monatlich 1 bis 3 Mark zu spenden.

Nun begann das Verhör, Sie wurden gemartert mit Steinetragen, Anbinden an den Pfahl bis die Arme aus den Gelenken rissen, sie mussten zwei Tage und zwei Nächte gefesselt und mit Ketten be-hangen mit dem Gesicht zur Wand stehen, ohne Essen, ohne Trinken, ohne ihre Notdurft verrichten zu können. Vorbeigehende SS-Männer rissen an den Ketten, die um den Hals lagen, bis die Haut durchgescheuert und das Blut über Brust und Rücken floss. Vor die politische Abteilung geschleift, erhielten die Gequälten 50 bis 100 Gummiknüppelhiebe. Acht Männer kamen bei dieser Tortur mit dem Leben davon und wurden am 4. Tage zu uns in das Sanitätslager gebracht. Dort wurden sie von uns heimlich gepflegt und wieder lebensfähig gemacht. Unter diesen Männern, zu denen die Gestapo im Laufe der nächsten Monate noch viele brachte – es wurden insgesamt 62 – habe ich meine besten Freunde gefunden.

Am 28. April, eine Woche vor dem Eintreffen der Amerikaner in Mauthausen, erlebte ich meinen schwersten Tag in diesem Lager. Morgens um 8 Uhr standen diese Männer, 39 an der Zahl, von der SS bewacht vor der Gaskammer. Was hier geschehen sollte, war jedem klar; die Männer wurden auf Befehl Dr. Kaltenbrunners[15] umgebracht. Den ganzen Tag bis 6 Uhr abends mussten sie stehen und auf ihren Tod warten und wir mussten den ganzen langen Tag zusehen. Nach Empfang einiger Tritte in den Bauch und an die Füße ließ mich ein SS-Unterscharführer unter dem Hinweis, dass dies ja doch der letzte Liebesdienst an denen dort sei, auf inständiges Bitten zu den Totgeweihten mit einer Hand voll Zigaretten hin. Ich hatte diese in aller Eile bei den Kameraden gesammelt. Dieser Abschied ist und bleibt mein erschütterndstes Erlebnis. Grüße an die Angehörigen waren ihre letzte Bitte. Um 18.30 Uhr war alles vorbei und die Schuldigen an dieser Tragödie? Wann und wie wird dies vergolten werden? Es muss!

Ich wurde mit Paul Geier und noch 43 politischen Österreichern im Vernichtungslager Mauthausen am 16. Mai durch die Amerikaner befreit. Gleich ihm richte ich an alle freiheitsliebenden Menschen den Ruf: eine solche Barbarei darf sich in Zukunft niemals wiederholen!

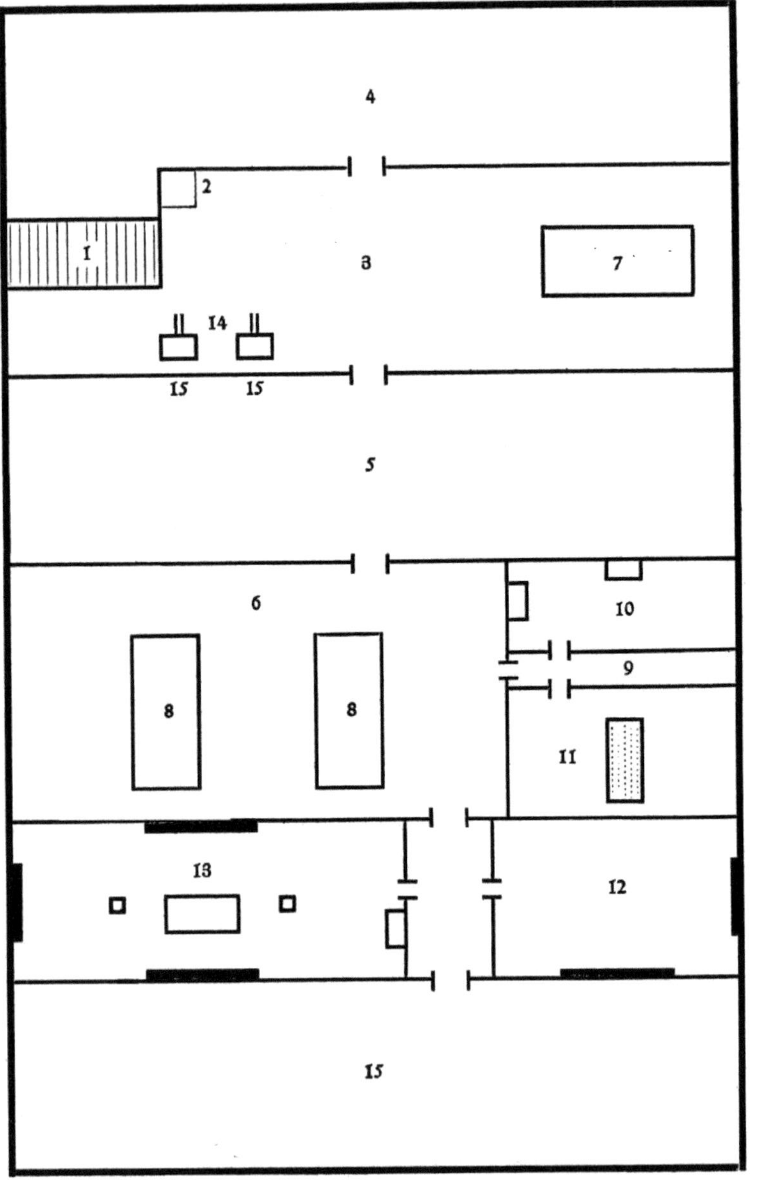

4
2
1
3
7
14
15   15
5
6
8   8
10
9
11
13
12
15
1. Treppe
2. Schießstand
3. Vorraum
4. Gaskammer
5. Leichenkammer
6. Verbrennungsraum
7. Verbrennungsofen
8. Verbrennungsofen
9. Gang
10. Waschraum
11. Sezierraum
12. Aufenthaltsraum
13. Heizung
14. Zwei Galgen
15. Keller

Anhang

¹) **Schutzhaft** wurde in der Zeit des Nationalsozialismus in Deutschland die Inhaftierung von Regimegegner und anderen missliebigen Personen allein aufgrund einer Anordnung, ohne dass dies einer richterlichen Kontrolle unterlag (z.B. durch Haftprüfung), bezeichnet.

²) **Georg Bachmayer** (* 12. August 1913 in Fridolfing in Bayern; † 8. Mai 1945 bei Münzbach, Österreich) war ein deutscher SS-Hauptsturmführer und der I. Schutzhaftlagerführer des KZ Mauthausen.

Bachmayer war gelernter Tischler, Mitglied der NSDAP und der SS. Ab März 1940 war Bachmayer Schutzhaftlagerführer im KZ Mauthausen. Bachmayer war dort für sämtliche Häftlinge sowie für den Teil der SS-Mannschaft verantwortlich, der zur Verwaltung und zur Bewachung der Häftlinge innerhalb des Lagers diente. Er war ebenfalls Inspizient der Außenlager des Konzentrationslagers und leistete Aufbauhilfe bei der Errichtung des KZ-Außenlagers Ebensee.

Bachmayer galt als extrem sadistisch und war bei den Häftlingen aufgrund seiner Brutalität gefürchtet. Er besaß zwei abgerichtete Bluthunde, die er auf Gefangene hetzte und die diese zerfleischten, was in der KZ-Sprache als „am Kuss des Hundes gestorben" bezeichnet wurde. Es gibt eine Vielzahl von Einzelberichten, nach denen Bachmayer eigenhändig Personen umgebracht oder gequält hat. Er soll neu angekommenen Häftlingen beim Eintreffen im Lager mitgeteilt haben, dass Mauthausen noch niemals jemand lebend verlassen habe und dass der einzige Weg von dort nur durch den Kamin führe. Man täte besser daran, gleich „in die Drähte" zu gehen, womit er die mit Starkstrom abgesicherten Zäune um das Konzentrationslager meinte.

Am 8. Mai 1945 tötete Georg Bachmayer in der Hintermühle bei Altenburg (Priehetsberg) seine Frau und seine beiden Kinder und beging Selbstmord.

[3]) **Ein Ochsenziemer** ist eine Schlagwaffe, die aus einem gedörrten Ochsenpenis hergestellt wird. Er hat eine Länge von 80–100 cm, ist dabei sehr elastisch und schwer. Die Wirkung des Schlags mit dieser Waffe ist erheblich und kann starke Verletzungen hervorrufen.

[4]) **Schloss Hartheim** bei Alkoven in Oberösterreich ist vor allem als Ort der Tötung behinderter Menschen durch die Nationalsozialisten zwischen Mai 1940 und Dezember 1944 bekannt. Die aus der Mitte des 14. Jahrhunderts stammende Anlage wurde im März 1940 zur Euthanasie-Anstalt umgebaut, das äußere Erscheinungsbild des Schlosses blieb davon weitgehend unberührt. Im Erdgeschoss des Ostteils wurden eine Gaskammer, der Leichenraum und ein Verbrennungsofen errichtet. Von Mai 1940 bis Dezember 1944 wurden in Hartheim nach Schätzungen ca. 30.000 Menschen ermordet. Unter den Ermordeten waren (psychisch) Kranke, körperlich und geistig Behinderte sowie Häftlinge aus Konzentrationslagern. Im Juni 1945 fand ein amerikanischer Untersuchungsoffizier die sogenannte „Hartheimer Statistik". Es handelte sich dabei um eine Broschüre mit monatlichen statistischen Angaben zu den in den sechs T4-Tötungsanstalten im damaligen Reichsgebiet erfolgten Vergasungen von Behinderten und Kranken. Daraus wurden auch die angeblichen Einsparungen an Lebensmitteln, Mietkosten, Personalkosten usw. errechnet.

[5]) **Andreas Trum** (* 12. November 1920 † 20. Juni 1947) war SS-Oberscharführer und ab 1942 Rapport- und Arbeitseinsatzführer im KZ Mauthausen. Er wurde im Mauthausen-Hauptprozess 1946 zum Tode verurteilt und am 20. Juni 1947 hingerichtet.

[6]) **Anton Streitwieser** (* 3. Juli 1916 in Surheim; † 17. Juli 1972 in Bochum) war ein deutscher SS-Führer und dritter Schutzhaftlagerführer im KZ Mauthausen.

Der gelernte Mechaniker trat 1934 in die SS ein und begann von dort an seinen Lagerdienst als Angehöriger der Wachmannschaften im KZ Dachau. Von dort wechselte er 1935 ins KZ Sachsenburg und ab 1936 kurzzeitig weiter ins KZ Esterwegen. Anschließend wurde er an die NS-Ordensburg Vogelsang abkommandiert. Ab dem 1. Dezember 1936 war er bei der Lagerkommandantur des KZ Sachsenhausen eingesetzt. Im November 1938 wurde Streitwieser zum KZ

Mauthausen versetzt. In Mauthausen war Streitwieser von Frühjahr 1939 bis Ende 1939 als Arbeitsdienstführer eingesetzt und danach bis März 1940 als Kommandoführer beim Aufbau des Außenlagers Gusen. Im April 1940 wurde Streitwieser Rapportführer im KZ Gusen. Mitte 1941 meldete sich Streitwieser freiwillig zur Waffen-SS und nahm an Kampfeinsätzen an der Ostfront teil. Aufgrund einer Kriegsverletzung wurde Streitwieser wieder zum KZ Mauthausen versetzt, wo er ab Oktober 1942 als III. Schutzhaftlagerführer diente. Von März 1944 bis zur Befreiung des KZ Mauthausen Anfang Mai 1945 war Streitwieser Lagerleiter der KZ-Außenlager Melk, Wien-Schwechat, Wien-Floridsdorf, Wien-Mödling.

Streitwieser galt unter den Häftlingen als brutaler Schläger, der auch seinen Hund Hasso mit dem Befehl: „Wo ist der Lump" auf KZ-Insassen hetzte. Im KZ Mauthausen erhielt er den Spitznamen „Der schöne Toni". Nach Kriegsende wurde Streitwieser festgenommen, es gelang ihm jedoch im Februar 1946 aus amerikanischer Internierung zu entweichen. Unter dem falschen Namen „Klaus Werner Krug" gelang es Streitwieser unterzutauchen und bei seiner Frau in Köln unentdeckt zu leben. Im April 1953 erfolgte offiziell Streitwiesers Todeserklärung durch das Amtsgericht Bonn. Nach Aufdeckung seiner falschen Identität wurde er 1956 verhaftet, jedoch vor Prozessbeginn mehrmals aus der Untersuchungshaft entlassen. Gemeinsam mit dem ehemaligen Leiter der Politischen Abteilung im KZ Mauthausen Karl Schulz musste sich Streitwieser vor dem Landgericht Köln für seine in Mauthausen begangenen Taten verantworten. Der Verfahrensgegenstand beinhaltete die Ermordung tausender KZ-Häftlinge durch Misshandlungen, Vergasung und Erschießung. Zudem waren die Angeklagten der Teilnahme an Selektion im Rahmen der Aktion 14f13 sowie der Tötung gefangener amerikanischer Fallschirmjäger im Steinbruch beschuldigt. Am 30. Oktober 1967 wurde das Urteil verkündet: Schulz erhielt 15 Jahre Haft wegen des gemeinschaftlichen versuchten Mordes in einem Fall sowie Beihilfe zum Mord in neun Fällen. Streitwieser wurde zu einer lebenslangen Freiheitsstrafe und zusätzlich sieben Jahren verurteilt aufgrund von gemeinschaftlichen Mord in drei Fällen sowie Körperverletzung mit Todesfolge in zwei Fällen. Streitwieser verstarb Mitte Juli 1972 im Haftkrankenhaus Bochum.

<u>7)</u> **Franz Xaver Ziereis** (* 13. August 1905 in München; † 25. Mai 1945 in Gusen) war ein deutscher Nationalsozialist und Kommandant des KZ Mauthausen im Range eines SS-Standartenführers. Der gelernte Kaufmann verpflichtete er sich 1924 für zwölf Jahre in der Reichswehr. Am 30. September 1936 trat Ziereis als Ausbildungs-

referent in die SS ein. 1937 übernahm er die Führung einer Hundertschaft in den SS-Totenkopfverbänden mit denen er im März 1938 an der Besetzung Österreichs teilnahm. Am 9. Februar 1939 übernahm Ziereis die Dienststelle als Lagerkommandant von Mauthausen von seinem Vorgänger Albert Sauer. Dort wurde er zum SS-Hauptsturmführer und später zum SS-Standartenführer befördert. 1942 wurde er auch Betriebsdirektor der Granitwerke Mauthausen mit Werkgruppenleitung in St. Georgen an der Gusen.

Zwei Tage vor der Befreiung des Lagers durch die US-Armee, am 3. Mai 1945, flüchtete Ziereis und begab sich zu seiner Jagdhütte am Pyhrn.

Laut einer beeidigten Erklärung von Hans Maršálek wurde Ziereis am 22. Mai 1945, nachdem er von amerikanischen Soldaten gestellt und bei einem Fluchtversuch angeschossen wurde, von diesem in Anwesenheit des Kommandanten der 11th Armored Division, Oberst Seibel, des ehemaligen Häftlings und Arztes Koszeinski und eines unbekannten polnischen Bürgers im KZ Gusen mehrere Stunden lang verhört. Er gestand währenddessen die Ermordung mehrerer tausender Gefangener, unter anderem durch Zuordnung zu Strafarbeitskompanien und Sprengung in Tunneln. Außerdem berichtete Ziereis, dass aus tätowierter Haut Lampenschirme, Buchumschläge und Lederetuis hergestellt wurden. Am 25. Mai 1945 erlag Ziereis seinen Verletzungen.

8) Wiener Graben, 11) Todesstiege & 10) Fallschirmspringerwand Zu den besonders schweren Grausamkeiten gehörte die sogenannte Todesstiege, eine Steintreppe, die den Steinbruch „Wiener Graben" mit dem eigentlichen Konzentrationslager Mauthausen verband. Die Beteiligten des Steinträgerkommandos schleppten mehrmals täglich Granitblöcke über die insgesamt 186 Stufen der Treppe 31 Meter nach oben. Die „Todesstiege" (siehe Coverbild) war der Ort zahlreicher Unfälle und Morde an Häftlingen, verübt durch Kapos und die SS-Wachmannschaft.

Inschrift am Fuß der Todesstiege:
„Ihre heute gleichmäßigen und normal hohen Stufen waren zur Zeit des Konzentrationslagers willkürlich aneinandergereihte, ungleich große Felsbrocken der verschiedensten Formen. Die oft einen halben Meter hohen Felsbrocken erforderten beim Steigen größte Kraftanstrengung. Die SS vergnügte sich unter anderem damit, die letzten Reihen einer abwärts gehenden Kolonne durch Fußtritte und Kolbenhiebe zum Ausgleiten zu bringen, sodass sie im Sturze, ihre Vordermänner mitreißend, in einem wüsten Haufen die Stufen hinunterkollerten.

Am Ende eines Arbeitstages, wenn der Aufmarsch ins Lager mit einem Stein auf der Schulter begann, trieben die den Abschluss bildenden SS-Leute Nachzügler mit Schlägen und Tritten an. Wer nicht mitkonnte, endete auf dieser Todesstiege."

Der Weg vom Kopf der Todesstiege hinauf ins Lager führt teilweise knapp am Abbruchhang des Steinbruchs vorbei. Eine 50 Meter hohe, fast senkrechte Felswand wurde von der SS „Fallschirmspringerwand" genannt und dazu missbraucht, Häftlinge hinabzustoßen, wo deren Körper entweder durch den Aufprall auf dem Stein zerschmettert wurden oder sie im Regenwasserteich ertranken.

Inschrift am Fuß der Fallschirmspringerwand:

„Diese steile Wand im Steinbruch wurden viele hunderte Häftlinge hinuntergeworfen. Sie zerschellten am Fuße der Wand oder ertranken in den tiefen Wassertümpeln. Oft stürzten sich auch Häftlinge, die die Qualen nicht mehr aushalten konnten diese Wand hinunter. Die SS nannte diese Todgeweihten mit grausigem Scherz ‚Fallschirmspringer'. Die erste Gruppe holländischer Juden, die im Sommer 1942 nach Mauthausen kam, wurde von der SS diese Wand hinuntergeschleudert."

Der ebenfalls in Mauthausen inhaftierte berühmte Holocaust-Überlebende, Schriftsteller, Publizist und Architekt Simon Wiesenthal (* 31. Dezember 1908 in Buczacz, Galizien, heute Ukraine; † 20. September 2005 in Wien) berichtete:

„Juden in Mauthausen wurden selten erschossen. Für sie war der ‚Wiener Graben' bestimmt. An einem einzigen Tag, am 31. März 1943, wurden vor den Augen Heinrich Himmlers 1.000 holländische Juden aus einer Höhe von über 50 Metern hinuntergeworfen. Die SS nannte sie ‚Fallschirmspringer'. Das braune Volk amüsierte sich!"

9) Hugo Lunardon (* 2. November 1893 in Hard; † 14. März 1940 im KZ Mauthausen) war ein österreichischer Gendarmeriebeamter, der nach dem Anschluss Österreichs an das nationalsozialistische Deutschland im Konzentrationslager Mauthausen getötet wurde.

Lunardon hatte vor dem Anschluss von 1933 bis 1938 als Postenkommandant des Gendarmeriepostens Dornbirn insbesondere die in Österreich illegalen Nationalsozialisten bekämpft.

Hugo Lunardon tat sich bei der Bekämpfung der Nationalsozialisten besonders hervor und hatte dabei auch gegen Widerstand in den eigenen Reihen zu kämpfen. So sabotierte etwa sein Stellvertreter, Franz Walch, regelmäßig dessen Vorgehen gegen die Sympathisanten der Nationalsozialisten. Den größten Erfolg feierte Lunardon, als es ihm gelang, den SS-Sturmbannführer Alfons Mäser zu verhaften, der mit einer um sich gescharten Truppe für zahlreiche Anschläge im ganzen Land verantwortlich war. Gemeinsam mit dem Kriminalbeamten Anton König wurde dessen Verantwortung aufgedeckt und Mäser in der Folge vor Gericht zu 15 Jahren schwerem Kerker verurteilt. Lunardon und König wurden daraufhin vom Vorarlberger Sicherheitsdirektor für eine Auszeichnung vorgeschlagen und am 8. Januar 1935 mit der Österreichischen Großen Silbernen Verdienstmedaille ausgezeichnet.

Nach dem Anschluss Österreichs an das Deutsche Reich wurde Lunardon aus dem Gendarmeriedienst entlassen. Eine juristische Verfolgung und eine Anklage wegen Amtsmissbrauchs scheiterten jedoch. Am 23. Mai 1938 wurde er gemeinsam mit Kaplan Georg Schelling nach Innsbruck deportiert, um weitere Verhörmaßnahmen durchzuführen. Einige Tage später erfolgte der Abtransport der beiden ins Konzentrationslager Dachau, wo sie sofort in eine Art verschärfte Einzelhaft, auch „Kommandaturarrest" genannt, genommen wurden. Drei Monate lang wurde Hugo Lunardon in dieser verschärften Haftform festgehalten, in der er nur jeden dritten Tag etwas Brot bekam. Anschließend kam Lunardon in die Strafkompanie des Konzentrationslagers. Mit Kriegsbeginn im September 1939 wurde Lunardon in das Konzentrationslager Mauthausen überstellt. Im März 1940 wurde Hugo Lunardon, der damals bereits völlig entkräftet war, von einem SS-Hauptscharführer auf dem Weg in den Steinbruch des Konzentrationslagers zusammengeschlagen, woraufhin er endgültig zusammenbrach und schließlich starb. Sein amtlicher Todestag wurde mit dem 14. März 1940 festgelegt, wobei der amtliche Todesschein als Todesursache eine Herzmuskelschwäche bei chronischem Herzfehler und Wassersucht angab. Hugo Lunardons Leichnam wurde im Krematorium Steyr verbrannt.

[12]) **Capo, auch Kapo,** war die Bezeichnung für einen Funktionshäftlings in einem Konzentrationslager. Ein Kapo wurde zu einem Mitarbeiter der Lagerleitung und musste andere Häftlinge beaufsichtigen. Ein Kapo musste für die SS die Arbeit der Häftlinge anleiten und war für die Ergebnisse verantwortlich.

Kapos erhielten für diese Dienste besondere Vergünstigungen, wie die Zuteilung von Alkohol oder den Besuch von Lagerbordellen. In größeren Lagern wurden Oberkapos eingesetzt. Viele der Kapos waren korrupt und grausam da sie so durch bessere Nahrungszuteilung und körperliche Schonung eine Chance hatten, länger am Leben zu bleiben. Die SS wählte gezielt die Häftlinge aus, die sich die damit verbundenen Privilegien durch besondere Brutalität zu verdienen bereit waren. Als Kapos wurden z.B. verurteilte Kriminelle, zur Bestrafung inhaftierte ehemalige SA-Leute, gefangene Juden oder politische Häftlinge rekrutiert. Aus welcher Häftlingsgruppe die Kapos ausgewählt wurden, war eine taktische Entscheidung der SS, wobei die Zusammensetzung der Kapos oftmals mit dem Wechsel der Kommandostrukturen des KZ zusammenhing. Der SS kam es auf eine möglichst reibungslose Befehlsweitergabe und die skrupellose Durchsetzung an.

[13]) Der Republikanische Schutzbund, abgekürzt SchB, war die 1923/24 gegründete paramilitärische Organisation der österreichischen Sozialdemokratischen Arbeiterpartei (SDAP). Er ging zum Teil aus der nach dem Ende des Ersten Weltkrieges im Jahr 1918 formierten Volkswehr hervor und zählte zu seinen Hochzeiten 80.000 Mitglieder, die einheitlich uniformiert, in Kompanien, Bataillone und Regimenter gegliedert und relativ gut (mit Infanteriewaffen) ausgerüstet waren.

Der Republikanische Schutzbund sollte für die Sozialdemokraten ein Ersatz für das von den Christlichsozialen beherrschte Bundesheer und Zeichen „proletarischer Wehrhaftigkeit" sein. Ab den 30er Jahren verlor er an Schlagkraft und wurde am 30./31. 3. 1933 von Regierung des austrofaschisten Dollfuß aufgelöst, blieb aber illegal bestehen und begann am 12. 2. 1934 in Linz den Kampf gegen die Regierung (Februarkämpfe), der aber von der als Hilfspolizei eingesetzten Heimwehr provoziert war.

[14]) „Mythos des 20. Jahrhunderts" ist der Titel des mehrere hundert Seiten umfassenden politischen Buches, das der NSDAP-Parteiideologe Alfred Rosenberg verfasste und gegen Ende der Weimarer Republik 1930 im Hoheneichen-Verlag veröffentlichte.
Das als sein Hauptwerk betrachtete Buch trägt den Untertitel „Eine Wertung der seelisch-geistigen Gestaltenkämpfe unserer Zeit". Rosenberg benutzt darin Ansätze einer Rassentheorie, um die Vorstellung von einer „Rassenseele" sowie einer

„Religion des Blutes" zu einem politischen und religiösen Glaubenskonzept zu verbinden. Bis 1944 betrug die Gesamtauflage ca. 1.300.000 Exemplare.

15) Ernst Kaltenbrunner (* 4. Oktober 1903 in Ried im Innkreis, Oberösterreich; † 16. Oktober 1946 in Nürnberg) war ein österreichischer Nationalsozialist, sowohl in Österreich und später im nationalsozialistischen Deutschen Reich ein hochrangiger SS-Funktionär und von 1943 bis Kriegsende Chef der Sicherheitspolizei und des Sicherheitsdienstes des Reichsführers SS (SD), sowie Leiter des Reichssicherheitshauptamtes (RSHA).

Seine Jugend und Volksschulzeit verbrachte er in Raab und nach dem Wechsel auf das Realgymnasium in Linz, wo er in der Schule seinen späteren Untergebenen Adolf Eichmann kennenlernte. Nach der 1921 abgelegten Matura begann er an der Technischen Hochschule Graz ein Chemiestudium, wechselte jedoch bald zu den Rechtswissenschaften und wurde 1926 zum Dr. iur. promoviert.

Im Anschluss an das Studium absolvierte er das Rechtsreferendariat und war bis Sommer 1929 bei einer renommierten Anwaltskanzlei in Linz angestellt. Kaltenbrunner wirkte in paramilitärischen Gruppen wie dem österreichischen Heimatschutz mit bei, dem er ab Sommer 1929 hauptberuflich tätig war. Da diese Organisation jedoch Kaltenbrunners politisches Hauptziel, den Anschluss Österreichs an das Deutsche Reich, in einer ihm nicht ausreichend erscheinenden Intensität betrieben, wechselte er im Oktober 1930 zur NSDAP und trat am 31. August 1931 der SS bei.
Ab 1932 war er in der Anwaltskanzlei seines Vaters tätig. Er wurde Rechtsberater beim SS-Abschnitt VIII (Linz) und machte sich als Verteidiger inhaftierter Parteimitglieder einen Namen. Ebenso fungierte er während der Zeit vor dem Anschluss Österreichs an das Deutsche Reich als Nachrichtenmann Heinrich Himmlers. So versorgte Kaltenbrunner den Reichsführer SS mit Informationen zur politischen Situation in Österreich.
Es gelang ihm der rasche Aufstieg in die Führungsriege des österreichischen Parteiflügels. Im Zuge des Anschlusses wurde Kaltenbrunner im März 1938 zum „Staatssekretär für das Sicherheitswesen im Lande Österreich" sowie Führer des SS-Oberabschnitts Donau (anfangs in Linz, später in Wien) ernannt. Zugleich wurde er Mitglied des deutschen Reichstags.

Am 11. September 1938 machte ihn Heinrich Himmler zum Höheren SS- und Polizeiführer Donau, gleichfalls in Wien, und unterstellte ihm damit die gesamte SS und Polizei in den eingegliederten österreichischen Gebieten. Am 20. Juni 1940 wurde Kaltenbrunner Nachfolger des verstorbenen SS-Oberführers Otto Steinhäusl als Polizeipräsident von Wien.

Am 30. Januar 1943 wurde Kaltenbrunner in Berlin in sein neues Amt als Chef der Sicherheitspolizei und des SD eingeführt. Kaltenbrunner trat hiermit die Nachfolge Himmlers an, der seit Reinhard Heydrichs Tod am 4. Juni 1942 die Leitung des Reichssicherheitshauptamtes (RSHA) neben seinen anderen Funktionen kommissarisch wahrgenommen hatte. Im Juni 1943 wurde Kaltenbrunner zum SS-Obergruppenführer und General der Polizei befördert. Als Leiter des RSHA war er der Chef des berüchtigten Gestapo-Amtes, des Reichskriminalpolizeiamtes und des Sicherheitsdienstes (SD), der für die Einsatzgruppen, die im Rücken der Ostfront bis Kriegsende rund 1.000.000 Menschen ermordeten, verantwortlich war.

Aus dem Urteil der Nürnberger Prozesse (Seite 191/192):
„Als Chef des RSHA hatte Kaltenbrunner die Befugnis, Schutzhaft in Konzentrationslagern und die Entlassung aus Konzentrationslagern anzuordnen. Befehle dieser Art wurden normalerweise mit seiner Unterschrift ausgegeben. (…) Kaltenbrunner selbst befahl die Hinrichtung von Gefangenen (…) Am Ende des Krieges war Kaltenbrunner (…) an der Vernichtung einer großen Anzahl von ihnen beteiligt mit der Absicht zu verhindern, dass sie von den alliierten Armeen befreit würden. (…) Während des Zeitraumes, da Kaltenbrunner Chef des RSHA war, verfolgte dieses ein weitreichendes Programm von Kriegsverbrechen und Verbrechen gegen die Menschlichkeit. (…) Das RSHA spielte eine führende Rolle bei der „Endlösung" des jüdischen Problems durch Ausrottung der Juden"

Kaltenbrunner gehörte zu den 24 im Nürnberger Prozess gegen die Hauptkriegsverbrecher vor dem Internationalen Militärgerichtshof angeklagten Personen, wurde am 1. Oktober 1946 in zwei von drei Anklagepunkten schuldig gesprochen, zum Tod durch den Strang verurteilt und am 16. Oktober 1946 hingerichtet.

[16]) **Grundriss vom Krematorium, Schießstand und Leichenkammer,** bei der Karte handelt es sich um eine Kopie aus der Originalausgabe dieses Berichts aus dem Jahr 1945/46.

Die Toten mahnen die Lebenden
niemals wegzusehen, niemals zu schweigen!

*„Als die Nazis die Kommunisten holten, habe ich geschwiegen;
ich war ja kein Kommunist.*

*Als sie die Sozialdemokraten einsperrten, habe ich geschwiegen;
ich war ja kein Sozialdemokrat.*

*Als sie die Gewerkschafter holten, habe ich geschwiegen;
ich war ja kein Gewerkschafter.*

Als sie mich holten, gab es keinen mehr, der protestieren konnte."

Martin Niemöller
(* 14. Januar 1892 in Lippstadt; † 6. März 1984 in Wiesbaden)
evangelischer Theologe,
von 1937-1945 Häftling im KZ Sachsenhausen.